ÉLOGE

DE

M. LE V^{TE} DE PANAT,

Lu à la Société d'Agriculture de la Haute-Garonne,

DANS LA SÉANCE ANNUELLE DU 24 JUIN 1861;

PAR

M. LE V^{TE} DE LAPASSE,

MEMBRE RÉSIDANT.

TOULOUSE,

IMPRIMERIE DE CHARLES DOULADOURE,
RUE SAINT-ROME, 39.

1861.

Extrait du Journal d'Agriculture pratique et d'économie rurale pour le Midi de la France.
OCTOBRE 1861.

Messieurs,

La solennité qui nous réunit dans cette enceinte réveille, chaque année, des émotions à la fois douces et tristes.

Nous aimons à entendre le résumé de nos travaux pendant l'année qui vient de s'écouler ; cette revue excite toujours un vif intérêt. Tantôt c'est le tableau de la lutte de l'homme des champs qui, appelant à son aide les lumières de la science, et soutenu par la persévérance et le travail, combat péniblement contre les intempéries des saisons ; tantôt aussi, à côté des désastres ou des déceptions agricoles, nous avons à enregistrer des succès acquis à la pratique rurale par des efforts, quelquefois savants, toujours pénibles et méritoires. Alors nous sommes heureux d'offrir un laurier pacifique à ces modestes vainqueurs qui, sans doute, ont été prodigues de leurs veilles et de leurs sueurs, mais dont le triomphe n'a coûté ni une larme, ni une goutte de sang. En attachant sur leur robuste poitrine notre médaille d'honneur, nous nous associons aux joies innocentes qu'elle fera éclater autour du foyer domestique.

Cependant, Messieurs, par une triste condition de l'humanité, chaque instant de plaisir est toujours empoisonné d'un regret ou d'une inquiétude ; et, de même que les anciens évoquaient l'image de la mort au milieu des roses dont ils couronnaient leurs festins, les fondateurs de notre Société ont réservé, dans cette solennité annuelle, une place pour les hommages dus à la mémoire des collègues qui nous sont enlevés par l'impitoyable mort, plaçant ainsi une branche de cyprès à côté des couronnes de laurier.

Chaque année ces lectures réveillent parmi nous des regrets amers, plus douloureux encore quand ce dernier hommage doit être rendu à un de ces hommes d'élite, à la fois chéris et vénérés, dont notre Société aime à recevoir les directions, parce qu'elle est fière de leurs talents et heureuse de leur fournir des occasions fréquentes de les laisser éclater. Leur perte est, pour chacun de nous, un deuil personnel, et elle laisse dans nos rangs un vide qui se fait longtemps ressentir.

Tels étaient les sentiments que nous éprouvions, à pareil jour de l'année dernière, en écoutant un admirable éloge de M. de Limairac, composé par notre ancien Président, M. le vicomte de Panat. Cette étude, où l'élévation des pensées ennoblit l'élégance de la forme, c'était le chant du cygne : l'auteur la dictait d'un lit de douleurs, les yeux déjà plus qu'à demi voilés par la mort qui s'approchait; et quand il eut terminé son œuvre, quand il ne s'agit plus que de venir la lire dans cette enceinte, les forces lui manquèrent, et il fut obligé de se faire représenter par un ami. Au moment même où nos applaudissements unanimes accueillaient cette brillante lecture et s'associaient aux regrets si bien exprimés d'une perte commune, les épreintes de la dernière heure saisissaient le noble vieillard qui était ici l'objet de nos ovations; et les premiers d'entre nous qui accoururent pour le féliciter, rencontrèrent les funèbres apprêts. De sorte que l'on peut dire que si sa dernière pensée a été pour Dieu, qui sans doute a déjà récompensé ses vertus et sa piété sincère, son dernier travail, les derniers efforts de sa puissante intelligence, ont été consacrés à la Société d'agriculture, dont il avait vu les premiers pas, et avec laquelle il s'était identifié pendant sa longue Présidence.

Tristes souvenirs, regrets amers ! En venant aujourd'hui les réveiller dans vos âmes, mon but n'est pas seulement de déplorer avec vous la grandeur de notre perte, mais aussi de rechercher comment nous pouvons payer notre tribut de reconnaissance et d'affection à cette mémoire qui nous est chère.

Ce n'est point par des oraisons pompeuses que l'on acquitte une telle dette, c'est en suivant exactement les enseignements qui nous ont été tracés par ceux dont on se fait gloire d'imiter les exemples. Pour y parvenir, il faut se rappeler souvent leurs actions, leurs paroles, leurs opinions; avoir, en quelque sorte, sous les yeux leur image vivante.

Telle est la tâche que vous m'avez imposée, Messieurs; je vais chercher à la remplir dans la mesure de mes forces. Si votre intention eût été de consacrer à la mémoire de M. de Panat un de ces brillants trophées littéraires, où l'éclat des images est rehaussé par l'harmonie du langage, vous eussiez facilement trouvé parmi nous des voix plus éloquentes; mais en arrêtant votre choix sur un de ses plus vieux amis qui avait pu connaître sa belle âme dans les épanchements de l'intimité, vous avez témoigné que ce n'était pas un panégyriste que vous appeliez, mais un historien.

C'est ainsi que je comprends ma mission, et ce n'est pas un éloge dont vous allez entendre la lecture, mais un portrait que je vais m'efforcer de placer sous vos yeux en faisant revivre les actions, les pensées, le langage de celui dont, hélas ! nous ne pouvons désormais posséder parmi nous que des images affaiblies. Cette étude, en retraçant les traits les plus saillants d'une vie dont l'activité semble participer des temps orageux qu'elle a traversés, aura à vous présenter le diplomate, l'administrateur, l'homme du monde, l'homme privé, l'écrivain élégant, enfin, ce qui nous importe surtout ici, l'agronome pratique. Mais à quelque point de vue que l'on se place pour le considérer, on le retrouvera toujours fidèle à cette devise des nobles races de vieux chrétiens, dont le sang coulait dans ses veines : honneur et devoir !

Dominique-Joseph-Samuel de BRUNET de CASTELPERS, vicomte de PANAT, naquit à Toulouse le 21 mars 1787. Son père, le marquis de Panat, qui portait noblement un des beaux noms du Midi de la France, s'était fixé à Toulouse à la la suite de son mariage avec Mlle d'Alzon, unique héritière d'une de nos familles parlementaires. Il fut élu premier député de la noblesse de Toulouse aux États généraux, et lutta contre le flot irrésistible qui devait bientôt tout envahir. Obligé de dérober sa tête aux proscriptions, il passa en Angleterre avec son frère le Chevalier de Panat, capitaine de vaisseau, et fort connu par son esprit et son originalité.

Les deux émigrés avaient laissé en France Mme de Panat qui s'efforçait de défendre l'héritage de ses trois jeunes enfants contre les confiscations, et bravait la peine de mort pour envoyer quelques secours à l'exilé. Mais ces faibles ressources ne purent le défendre contre le chagrin, et il mourut à Londres, laissant en France une veuve chargée d'un lourd fardeau. Elle le porta avec un courage, commun du reste aux femmes de cette époque, et dont la génération qui les a suivies ne leur a peut-être pas tenu assez de compte.

Pendant que les pouvoirs révolutionnaires faisaient passer le triangle d'acier sur la France et renversaient, dans le sang et les ruines, ces institutions qui auraient dû assurer au jeune Panat la fortune et les dignités, sa mère l'élevait dans la retraite et développait, dans cette intelligence précoce, les qualités qui permettent aux hommes de conserver leur niveau par leur propre mérite. Il n'y avait plus alors ni écoles, ni facultés; tout l'enseignement était concentré dans la famille; on n'avait, pour le compléter, qu'un petit nombre de livres échappés aux confiscations. Ce fut avec ces ressources imparfaites, que l'énergique enfant devint bientôt un jeune homme brillant de l'esprit héréditaire de sa race, assez instruit pour porter un jugement sur toutes les questions, et ambitieux de toutes les hautes positions, parce qu'il se sentait de force à les occuper dignement.

Telles étaient les qualités que le chef du premier empire recherchait dans les jeunes gens qu'il aimait à rattacher à son gouvernement. Aussi ne fut-il pas difficile au jeune Panat de se faire comprendre parmi ces brillants auditeurs, pépinière où l'on élevait les futurs dignitaires de l'État. Il y fut admis, sous les auspices de M. de Fontanes. Il se trouva ainsi le collègue, des Molé, des Pasquier, des de Broglie, des Portalis, jeunesse d'élite, destinée à être, tour à tour, élevée et renversée par les révolutions. Mais alors qui y songeait ?

Notre jeune auditeur, introduit dans le grand monde parisien par ses relations de famille, s'y fit remarquer par une aisance, un à plomb, une conversation brillante fort au-dessus de son âge. Cependant ces succès de salon inspirèrent des inquiétudes à quelques hommes supérieurs qui s'intéressaient à lui. On s'effrayait de son ton, un peu trop tranchant, et de sa précoce assurance : on se demandait s'il resterait à la hauteur de ses prétentions. Mais bientôt il se présenta une occasion de justifier cette confiance en lui-même, par une détermination énergique et prompte et une incontestable capacité d'exécution : il la saisit, et dès ce moment il fut jugé égal à toutes les positions.

La Hollande venait d'être annexée à l'Empire français : l'île de Java, ce fertile et riche royaume, créé, plutôt que conquis, par l'habile persévérance du patriotisme batave, était devenue une colonie française; il s'agissait d'y établir notre domination et de la défendre contre une flotte anglaise qui se préparait à l'envahir : le temps pressait. On nomme un Capitaine général, et deux auditeurs au Conseil d'Etat lui sont adjoints. Ce poste aventureux est offert au jeune Panat : il demande une demi-heure de réflexion, et deux jours après, il était sur la route de Saint-Nazaire, où déjà se gonflaient les voiles qui devaient l'emporter. Sa mère, retenue à Toulouse par les soins de la famille, apprit sa nomination par la lettre qui annonçait son départ. Cette lettre, du 24 novembre 1810 a été conservée dans les archives de la famille, et, après un demi-siècle, on la lit avec un vif intérêt; elle est surtout touchante par l'art ingénieux employé pour déguiser les périls de toute nature qui entouraient cette lointaine et hasardeuse expédition ; le fils tendre et dévoué fait appel à toutes les ressources de son esprit et de son imagination, pour amortir le coup qui va frapper le cœur de la mère.

Les limites imposées à cette notice interdisent les détails ; je le regrette, Messieurs ; j'aurais aimé à suivre, avec vous, ces frégates françaises échappant, à force d'audace et d'habileté, aux flottes anglaises qui sillonnaient toutes les mers ; à vous faire assister aux émouvantes péripéties du débarquement sur le point le plus sauvage des montagnes de Java, et à vous raconter le voyage des nouveaux fonctionnaires français, tantôt à travers des forêts primitives, où l'on dort sous des cages de bambous, tandis que les tigres enlèvent les chevaux de la caravane, tantôt à travers cette riche nature de l'Archipel Indien assouplie, dans sa luxuriante fécondité, par le génie européen, et où des calèches à quatre chevaux roulent doucement sur des routes bordées de grands orangers.

Les lettres de notre jeune auditeur décrivent en traits animés ces vastes plaines, où la canne à sucre est cultivée à côté du riz et de l'indigo, ces collines tapissées par les verdoyantes plantations de café, et les flancs des montagnes où les géants de la forêt ont été remplacés par ces vergers odoriférants qui produisent les épices. « Si Virgile avait vu cette île fortunée, » écrit-il à un de ses amis, les champs Elysées auraient été plus » riants et plus frais. (1) » Dans une autre lettre, la vallée où réside le Gouverneur général offre, « sous la zone torride, le climat de l'Italie (2). »

Avec de telles dispositions, les nouveaux fonctionnaires envoyés par la France ne pouvaient manquer de se concilier la sympathie des colons ; ils y réussirent en effet, et, dès leur arrivée, ils employèrent toute leur habileté à organiser les moyens de défense, toute leur influence à électriser les flég-

---

(1) Lettre à M. le docteur Saint-Laurent, du 20 mai 1811.
(2) Lettre à la marquise de Panat, du 14 juin 1811.

matiques planteurs qui ont succédé aux chefs barbares des tribus malaises. Le danger était pressant ; une nombreuse armée anglo-indienne, embarquée sur une flotte redoutable, se disposait à envahir l'île qui ne pouvait leur opposer que quelques centaines de marins français et des milices indigènes peu aguerries. Tout ce que l'on put faire, fut d'en imposer à l'ennemi jusques au dernier moment par d'habiles dispositions; puis enfin, quand il eut débarqué des masses nombreuses et une puissante artillerie, on l'arrêta par un camp retranché. Les Anglais essayèrent de l'emporter de vive force : mais, après trois jours de combats, ils furent obligés de débarquer toutes leurs forces et d'investir régulièrement le camp et la place. Une plus longue résistance était impossible ; les autorités coloniales entamèrent une négociation qui devait aboutir à une honorable capitulation, mais à laquelle ne voulurent prendre part aucun des employés français. Ils traversèrent fièrement la portion de l'Ile où déjà flottait le pavillon britannique, et, pendant que l'ennemi s'emparait péniblement de la côte du Nord, ils atteignaient un des ports de la côte méridionale où les attendaient les frégates qui devaient les ramener en France en affrontant des périls nouveaux. Dès la sortie de la rade, il fallut forcer le passage à coups de canons, à travers la croisière anglaise.

Notre jeune auditeur avait pris une part active à tous ces événements et s'était trouvé au milieu de ces combats; aussi fut-il, à son retour à Paris, accueilli avec une distinction marquée. Mais son premier soin fut de demander un congé pour venir embrasser sa mère, sa sœur, ses amis, et respirer l'air de sa ville natale. Il aimait les salons de Paris où il brillait; souvent cependant il les quittait pour ceux de Toulouse, où sa parole élégante était toujours écoutée avec un intérêt qui s'accroissait des affectueuses sympathies inspirées par cette nature expansive et bonne. Un demi-siècle s'est écoulé depuis le mois de décembre 1811, mais ses rares contemporains n'ont pas oublié le charme de ses récits et ces soirées de l'Hôtel de Panat où, tous, jeunes et vieux, nous nous pressions autour de lui, pour ne pas perdre un seul détail de cette mission aussi dramatique qu'aventureuse.

Ces instants donnés à la famille furent courts : sous le premier Empire, les Auditeurs n'avaient guère plus de repos que les soldats; et tout se préparait pour la gigantesque expédition de Russie. L'abbé de Pradt, assez proche parent de la famille de Panat, fut désigné pour aller à Varsovie, avec le titre d'Ambassadeur; mais, en réalité, avec la mission de reconstituer la Pologne et de la pousser contre le puissant Empire que nous allions attaquer au cœur. Quatre Auditeurs au conseil d'État devaient être attachés à cette ambassade, qui était sans précédents dans l'histoire. Tous sollicitaient l'honneur d'en faire partie; mais l'Ambassadeur insista sur la nomination de son jeune parent : « Je le demande, dit-il, à cause de
» son énergie, de sa capacité éprouvée, et parce que je suis
» heureux de trouver en lui un rejeton de ma famille et quel-
» ques gouttes de mon sang. »

Nous ne suivrons pas M. de Panat dans cette nouvelle mission, où il fut mêlé à toutes les émouvantes péripéties de l'immense désastre qui changea les destinées du monde. L'histoire s'est emparée de ces récits; et les individualités s'effacent au milieu de ces grandes catastrophes. Disons seulement qu'il fut détaché, le 6 octobre 1812, sur le théâtre même de la guerre, pour recueillir des informations sur la force et les mouvements des ennemis, et observer les dispositions de nos alliés allemands. Ses premiers rapports, communiqués à l'Empereur par le duc de Bassano, excitèrent un tel intérêt, qu'il fut attaché officiellement au quartier général du septième corps de la grande armée; et, malgré ses instances, il ne fut relevé de cette difficile et périlleuse mission qu'au mois d'avril suivant.

Vers la fin de 1813, nous retrouvons notre jeune compatriote adjoint à M. de Caffarelli, commissaire de l'Empereur dans nos provinces. Il s'agissait de réveiller l'esprit public, qui se détachait de l'Empire, et de réunir les dernières ressources du pays contre les ennemis qui l'envahissaient de toutes parts ; mandat bien pénible à remplir, car il imposait la nécessité de lutter contre des parents, des amis, des populations entières réduites au désespoir. La courageuse et franche énergie avec laquelle M. de Panat s'efforçait d'accomplir les nouveaux devoirs qui lui étaient imposés, lui valurent des récriminations injustes dont il s'affligeait, mais qui ne purent ébranler son dévouement. A cette époque, je me le rappelle, ayant un jour abordé ce pénible sujet, dans un épanchement intime, il me répondit ces mots que je n'ai pu oublier : « Me » crois-tu donc aveugle? ce gouvernement s'écroule, je le » vois; mais mon devoir est de le soutenir, je le remplirai » jusques au bout. » — Cependant, cette fois, ses forces le trahirent; une maladie aiguë l'alita, pendant les premiers mois de 1814, et il ne put prendre part à aucun des actes de M. de Caffarelli. Quand il fut rétabli, l'abdication de Fontainebleau l'avait délié de ses serments ; et Louis XVIII régnait déjà.

C'était une nouvelle ère qui commençait pour le rejeton des vieux serviteurs de l'antique monarchie ; le vicomte de Panat s'y rallia avec bonheur et lui est resté fidèle jusques à son dernier soupir. Notons, en passant, le choix de ce titre, parmi ceux de sa maison; par une modestie dont on ne l'aurait pas soupçonné, il le trouva plus convenable à son âge et aux fonctions subordonnées qu'il remplissait : jamais depuis, il n'a voulu le quitter.

Le vicomte de Panat, retrouva à Paris plusieurs des hommes éminents qui avaient accueilli ses premiers pas dans le grand monde, jouissant déjà d'une influence dans le nouveau Gouvernement.

M. de Châteaubriand, M. de Fontanes l'encouragèrent à se tourner du côté de la diplomatie : le comte de Narbonne-Pelet (depuis titré de duc), son parent, venait d'être nommé ministre du roi en Sicile; le vicomte de Panat lui fut adjoint comme secrétaire de légation, et se trouva ainsi définitivement admis dans le corps diplomatique.

La diplomatie réelle n'est pas ce que la représentent les

vaudevilles et les opéra-comiques. Un diplomate a, pour première mission, d'étudier dans tous ses rapports, le pays auprès duquel il est accrédité, de s'identifier avec ses mœurs, ses habitudes et ses idées, et de se faire des amis personnels des chefs du Gouvernement avec lesquels il doit débattre les grands intérêts politiques. C'est ainsi que l'on adoucit les frottements des rapports internationaux, sans rien diminuer de la dignité de la France, et que l'on acquiert le droit de parler haut et ferme, quand vient l'occasion de proclamer ses déterminations.

La légation envoyée par Louis XVIII en Sicile, était digne d'un tel mandat, et elle sut le remplir noblement. Ici encore, Messieurs, je dois regretter les étroites limites du cadre qui me resserre. Accrédité moi-même à Naples, quelques années plus tard, j'ai trouvé dans les archives de l'Ambassade, comme dans la mémoire des Siciliens et des Napolitains, des souvenirs bien honorables pour le duc de Narbonne et le vicomte de Panat : on pourrait en retirer une page d'histoire; mais ce n'est pas ici le lieu, je me borne à noter deux faits importants.

A l'arrivée de la mission française en Sicile, le roi Ferdinand n'y régnait que de nom; la domination anglaise fatiguait la Cour, la noblesse et le peuple du poids de sa protection chèrement payée; mais quelques mois plus tard, le Roi était rappelé à Naples par un mouvement réellement national, et dès cet instant l'influence anglaise cessa de peser sur la Sicile.

L'affermissement de cette royauté restaurée rencontra des obstacles; la plus grave difficulté était le choix des institutions. Les uns voulaient, avec l'Autriche, le retour aux anciennes lois, les autres demandaient le maintien des institutions françaises établies sous le règne de Murat. Ce fut cet avis qui prévalut, et le royaume de Naples, comme celui de Sicile, furent régis par les Codes français et par notre organisation administrative et judiciaire. La légation de France ne fut pas étrangère à cette grande résolution.

Le vicomte de Panat se délassait des travaux ardus que nécessite l'étude de ces hautes questions politiques, par la littérature, par la contemplation des magnifiques débris que la grande Grèce et la domination romaine ont légués à ce beau pays, et souvent aussi, par les distractions du grand monde, où il était fêté par de nombreux amis, qui, dix ans plus tard, ne l'avaient pas encore oublié. Il aimait cette vie, à la fois active et brillante, qui convenait à la nature de son esprit et à ses talents. Mais des devoirs de famille le rappelèrent en France, et il s'empressa de tout quitter.

Les intérêts privés qu'il eut à régler furent une nouvelle occasion de faire éclater la noblesse de son caractère et la fermeté de ses résolutions ; c'est aussi à cette époque qu'il faut faire remonter ses tendances vers l'agriculture où il était encouragé par l'exemple de sa mère. La marquise de Panat avait obtenu, quelques années auparavant, une médaille d'honneur pour l'introduction des fourrages artificiels dans le département du Gers.

Mais l'heure de la retraite n'avait pas sonné pour le brillant diplomate qui était réservé, pour bien longtemps encore, aux rudes labeurs de la vie publique. Il ignorait alors les secrets de l'avenir, et, arrivé à l'âge de maturité, il éprouvait le besoin de s'établir ; il s'occupa donc de conclure un mariage qui satisfaisait son cœur et sa raison. Ses vœux furent accomplis par son union avec la fille du baron Hocquart, premier président de notre Cour souveraine. Il ne m'est permis de rien dire de cette noble veuve, puisque Dieu ne l'a pas encore rappelée à lui, et l'a laissée au milieu de nous, supportant avec une admirable résignation le poids de ses douleurs, et survivant à ses six enfants et au compagnon de quarante années de vie. Mais je ne sortirai pas du cadre qui m'est imposé, en jetant un rapide coup d'œil sur l'homme privé, dont nous avons tous apprécié les qualités aimables, dans les fréquentes et douces relations de la confraternité académique.

Le vicomte de Panat avait des mouvements de vivacité ; bien peu d'entre nous sont dispensés de payer ce tribut au soleil qui réchauffe notre sang méridional. On lui a quelquefois reproché un ton tranchant, une controverse peu conciliante; c'était une conséquence nécessaire de la sincérité de ses convictions, de l'énergie de sa volonté. Mais par une admirable compensation, ce caractère entier et absolu était adouci par la plus exquise sensibilité, et chez lui, l'urbanité provenait d'une sorte de coquetterie du cœur, qui lui faisait rechercher les sympathies de tous ceux qui l'approchaient, parce qu'il n'était heureux que lorsqu'il pouvait obliger ou plaire. Un des hommes qui l'a le mieux connu et le plus aimé, M. Saint-Laurens (Juge de paix à Lisle), a prononcé sur sa tombe un discours qui fait ressortir ce contraste d'une énergique fermeté avec la tendresse d'un cœur toujours prêt à assister les pauvres et une bienveillance qui le rendait accessible à tous.

Ces précieuses qualités lui avaient de bonne heure assuré les sympathies des masses qui devaient bientôt l'adopter pour leur représentant, avec une fidélité qui résista vingt-cinq ans aux vicissitudes des révolutions, comme aux séductions ou aux menaces du pouvoir. Mais, avant d'entrer dans la vie publique par les suffrages électoraux, il avait encore à manifester ses talents dans la carrière administrative.

La diplomatie le réclamait; on lui offrit un poste brillant et qui convenait à ses goûts; mais il aurait fallu s'éloigner du foyer domestique, abandonner la direction et les joies de la famille; il refusa.

Ses amis songèrent alors à l'attacher à l'administration intérieure; on lui offrit la sous-préfecture de Bayonne; c'était un titre inférieur au rang qu'il venait de quitter dans la diplomatie, mais le poste avait acquis une véritable importance par les troubles qui déjà agitaient l'Espagne, et on y ajouta, par une flatteuse exception, l'autorisation de correspondre directement avec tous les ministres et avec l'ambassadeur de France à Madrid. Cette position était politique autant qu'administrative, il l'accepta.

Pendant plusieurs années, le Sous-Préfet de Bayonne se trouva mêlé à tous les événements qui précédèrent et suivirent la guerre d'Espagne, et toujours il fut à la hauteur de sa mission ; mais, au milieu des soucis de la politique, il savait trouver du temps à donner aux intérêts de ses administrés, dont il eut bientôt acquis toutes les sympathies. Aussi fut-il fortement question de l'élire Député des Basses-Pyrénées ; mais le Vicomte de Panat, dont la conduite était toujours dirigée par des principes, pensait que le député doit être, avant tout, l'homme de sa localité ; il vint donc se présenter aux suffrages de ses concitoyens, et il fut élu à une majorité qui, désormais, ne devait plus lui faire défaut, que dans de rares occasions.

Le nouveau député siégeait à la Chambre, à côté de son beau-père, M. Hocquart, pour lequel il fut toujours déférent et affectueux ; tous les deux prirent une part active aux grandes luttes qui marquèrent les dernières années de la Restauration. Ils étaient, l'un et l'autre, trop éclairés pour ne pas voir les dangers qui menaçaient ce gouvernement qui avait toutes leurs sympathies ; mais ils ne lui en prodiguaient pas moins tous les efforts de leur dévouement.

La catastrophe de 1830 trouva M. de Panat dans une nouvelle et plus haute position administrative, à laquelle il consacrait toute son activité pendant l'intervalle des sessions. M. de Martignac, son collègue à la Chambre et son ami depuis bien des années, lui avait confié la Préfecture du Cantal. Tout était à améliorer ou à créer dans ces âpres montagnes, et il s'était mis résolument à l'œuvre, au moment même où fut renversé le gouvernement qu'il représentait à Aurillac.

Si M. de Panat eût voulu servir le pouvoir intronisé en 1830, les occasions ne lui eussent pas manqué : plusieurs de ses amis siégeaient dans les conseils de la nouvelle royauté ; entre autres, son ancien collègue de l'ambassade à Varsovie, le Duc de Broglie, qui fut bientôt premier Ministre. Mais il crut devoir rentrer dans la vie privée, et il songea sérieusement à tourner toute son activité du côté de l'agriculture, vers laquelle il se sentait attiré par un charme puissant. Les exemples de ce genre sont aussi vieux que l'histoire ; et on se prend quelquefois à se demander pourquoi les hommes dégoûtés des vicissitudes de la politique viennent-ils, de préférence, se réfugier dans la vie des champs ?

Existerait-il quelque mystérieuse connexité entre les lois qui gouvernent les mouvements des sociétés humaines et celles qui président à la vie végétative ? Ou bien serait-ce qu'après les terribles tempêtes qu'on appelle des révolutions, les orages qui ne menacent qu'une moisson, sont une distraction qui réveille des souvenirs intéressants : ou bien encore, que la multiplicité des occupations d'une régie agricole, travaux, assolements, engrais, plantations, animaux domestiques, constructions rurales, sont une sorte de transition entre le repos complet et les nombreux soucis qui se disputent tous les instants de l'homme politique ?

Questions curieuses et qui donnent à réfléchir ! Mais toujours est-il que, de tout temps, la vie de campagne fut le refuge et la consolation des hommes dégoûtés des agitations de la politique. Je n'en citerai point les exemples : il faudrait vous parler de la charrue de Cincinnatus, des laitues de Dioclétien, évoquer l'austère figure de Sully parcourant ses vergers et ses prairies, escorté de ses pages et de ses gardes; et vous rappeler un souvenir contemporain, celui de ce grand ministre qui avait sept ans gouverné la France, surveillant les plantations de Mourville, et employant son génie financier à combiner des assolements et à assurer le fourrage nécessaire à ses bestiaux.

Le vicomte de Panat lui aussi voulait, dès 1830, se vouer tout entier à ces occupations rurales ; mais s'il avait renoncé aux emplois rétribués et aux faveurs du pouvoir, il n'était pas encore tout à fait libre des agitations de la vie publique ; les suffrages presque unanimes des électeurs de son arrondissement le choisirent, pendant plus de vingt ans, pour leur représentant au Conseil général du Gers et à la Chambre des Députés.

A cette époque, les Conseils généraux nommaient leur Président, et M. de Panat était réélu tous les ans. Ce n'était pas que ses opinions politiques et ses sympathies pour le régime déchu fussent en majorité dans le Conseil : mais ses collègues voulaient, en l'appelant à l'honneur de la présidence, rendre hommage à l'urbanité de ses manières, à l'étendue de ses connaissances, à sa haute impartialité, à son expérience des affaires, à cette rectitude d'esprit et ce tact exquis, qui apportaient l'ordre et la méthode dans les discussions les plus compliquées.

Ces rares qualités furent bientôt appréciées par ses collègues de la Chambre des Députés ; il siégeait à côté de Berryer, de Hennequin, de Vatimesnil, sur les bancs de l'opposition, où la majorité va bien rarement chercher les élus de ses Commissions ; mais on faisait une exception pour M. de Panat qui était choisi dans toutes les affaires difficiles, et surtout dans le laborieux examen du budget. C'est ainsi qu'il traversa les dix-huit années du gouvernement de juillet, honoré de l'estime de ses adversaires politiques et fort de la confiance et des sympathies de tous les hommes indépendants.

Cependant, des tempêtes nouvelles vinrent épouvanter la France et l'Europe ; le volcan de 1848 avait éclaté en déchaînant un débordement de conceptions insensées et de passions mauvaises, qui se répandirent sur le pays, comme une lave dévorante. Tous les gens de bien, tous les hommes d'ordre, furent appelés à concerter leurs efforts pour sauver la Société. M. de Panat s'empressa d'accourir. Nous l'avons vu, dans notre cité, comme dans le Gers, se placer au premier rang dans ces luttes ardentes, et diriger, par sa parole et ses conseils, la résistance des amis de l'ordre. Mais dans sa lutte contre les ennemis de la société, il ne fut jamais l'homme d'un parti, il restait toujours celui du pays.

Quelques mois plus tard, nommé membre de cette grande Assemblée à laquelle la France avait confié tous ses pouvoirs, il suivit la même ligne ; et là, comme dans la Chambre des Députés, il sut se faire remarquer par son ardeur au travail, sa profonde connaissance de tous les grands intérêts du pays et la loyauté de so   ours à cette république éphémère,

proclamée, il le reconnaissait, un peu à la légère, mais qui lui semblait alors une transition. Il fut nommé à une forte majorité aux importantes fonctions de questeur, et il les remplit jusques à la dissolution de l'Assemblée.

A partir de cette époque, il rentra dans la vie privée et n'eut plus désormais rien de commun avec la politique.

Mais cette nature, dont l'âge n'avait pas amorti l'activité, n'aurait pu s'accommoder d'un repos absolu : aussi s'était-il imposé des occupations, qui, pour d'autres, eussent été un lourd fardeau, mais n'étaient pour lui qu'une distraction.

Il avait à surveiller la régie de domaines très-étendus, situés dans la Haute-Garonne et dans le Gers, à prendre part à tous les incidents de la vie domestique, au milieu de cette famille qui l'entourait de son affection et qui bientôt, hélas! devait être moissonnée sous ses yeux ; enfin, il trouvait encore du temps à donner aux Sociétés industrielles, littéraires et savantes qui l'avaient appelé dans leur sein, et dont il fréquentait les assemblées, comme des réunions de famille.

M. de Panat, vous le savez, Messieurs, était en même temps, Secrétaire perpétuel de l'Académie des Jeux Floraux, Administrateur d'une Société d'assurances, et Président réélu, par notre compagnie, aussi souvent que le permettaient nos règlements.

C'est surtout à ce point de vue, que nous avons à l'apprécier.

Peut-être conviendrait-il auparavant de nous occuper de l'écrivain élégant et correct, et du littérateur enrichi par d'immenses lectures ; mais cette étude sera faite, dans une autre enceinte, avec plus d'autorité et de talent. Nous l'écouterons tous avec un vif intérêt, parce qu'elle nous retracera celui que nous regrettons sous un aspect dont nos goûts et nos occupations nous rapprochent bien plus qu'on ne le croit généralement.

Les harmonies de la pensée humaine sont étroitement liées aux harmonies de la nature. Il y a peu de jours encore, un savant professeur d'agronomie venait, au milieu de nous, citer

Columelle et Virgile, et nous rappelait qu'il ne faut pas séparer le culte de l'agriculture de celui de la poésie. C'est qu'en effet ce sont deux sœurs, dont l'une aime à rêver le long des ruisseaux et à la lisière des forêts, tandis que l'autre dirige la charrue ou recueille la moisson. Mais le soir, elles se retrouvent autour du foyer et elles échangent le produit de leur journée, la gerbe qui alimentera la famille, l'œuvre littéraire qui nourrit l'esprit et inspire les fécondes pensées.

Le vicomte de Panat se laissait détourner bien rarement des exigences de la vie active et positive par les vagues rêveries; mais il aimait l'élégance de la forme. Il savait que les vérités les plus utiles pénètrent difficilement dans les esprits si elles sont présentées dans toute leur nudité, et que l'austérité des préceptes didactiques a besoin d'être déguisée par les agréments du style, comme l'amertume du médicament est adoucie par le miel qui recouvre les bords du vase. Il savait aussi que le secret des habiletés du langage se trouve dans la lecture constante des bons auteurs; aussi cette habitude fut-elle celle de sa vie entière. Il lisait à la ville, il lisait à la campagne. Aucun bon livre ne lui était étranger : histoire, poésie, voyages, économie politique, traités scientifiques même, il dévorait tout, et il lisait la plupart des auteurs étrangers dans leur langue originale. Jamais cependant ces lectures si variées n'ont nui aux nombreuses occupations imposées, soit par les devoirs de sa vie publique, soit, à l'époque où nous sommes arrivés, par les exigences des associations dont il était membre ou directeur.

Aux champs, où il était libre de tous ces devoirs, il faisait deux parts de sa vie. L'une, consacrée aux lectures, l'autre, la plus large, pour la famille et les occupations si variées qui pèsent sur le propriétaire. Dès l'instant où il avait endossé la veste du campagnard et chaussé les souliers ferrés, il voulait tout voir, tout surveiller; aucun détail ne lui échappait. C'est dans cette connaissance de la multiplicité des petits faits, dont sa lucide intelligence savait former un ensemble, qu'il puisait cette autorité d'agriculteur pratique, condition indispensable à celui qui veut se faire écouter dans cette assemblée. Mais de ce qu'il aimait à parler, en connaissance de cause, des labours, des engrais, des assolements, il n'en résulte pas qu'il partageât les préventions irréfléchies qui s'expriment par ce mot trop souvent répété : « Agriculteur théoricien. »

Celui qui, après avoir feuilleté quelques pages d'un Journal d'agriculture, ou après avoir semé des fourrages dans les pots à fleurs de son balcon, voudrait, à la légère, modifier les cultures d'un grand domaine, celui-là sans doute s'exposerait aux plus graves mécomptes tout aussi bien que ces routiniers inintelligents, qui persévèrent dans des méthodes devenues mauvaises, uniquement parce qu'elles étaient pratiquées avant eux. Mais là n'est pas la question. Il s'agit aujourd'hui de savoir si l'agriculture est devenue une science, si cette science n'est pas aussi positive dans ses préceptes fondamentaux que les autres branches des connaissances humaines, bien que les applications pratiques soient exposées, par les intempéries des saisons, à des incertitudes. M. de Panat était profondément convaincu de la nécessité de répandre parmi tous ceux qui ont contact avec l'agriculture, les principes de cette science qu'il possédait si bien, et dont l'on serait presque tenté de croire qu'il s'était rendu maître par intuition, quand on jette, comme nous venons de le faire, un coup d'œil rétrospectif sur cette vie si active et si occupée.

On trouve dans tous les écrits où il a eu l'occasion de toucher à des questions générales, une connaissance profonde des théories agronomiques ; et le vif intérêt qu'il attachait à en voir répandre les principes, ressort d'un projet dont il était l'un des auteurs, et qui a été discuté chez lui pendant les cruelles souffrances de sa dernière maladie.

Ce projet, vous ne l'avez pas oublié, Messieurs, avait pour but de compléter la couronne scientifique de notre cité palladienne en la dotant d'un enseignement agronomique plus étendu que celui qui lui a été accordé.

Ce n'est pas ici le lieu de discuter les causes qui ont fait ajourner la réalisation de ce plan ; mais le concours que lui apporta M. de Panat, jusques à son dernier jour, témoigne assez de sa ferveur pour le culte de la science agricole.

Cependant, nous ne saurions trop le répéter, cette science n'avait pour lui de valeur que par ses applications utiles. « Les théories ingénieuses, disait-il souvent, ne dispensent » pas des soins minutieux de la pratique de chaque jour, qui » accroît les ressources en économisant les dépenses. » En effet, il n'était étranger à aucun des plus humbles détails de la culture ; il savait les rattacher à des idées générales et les faire ressortir de l'étude des lois de la nature.

C'est à ce double point de vue qu'il faut se placer pour apprécier les écrits dont il a légué à notre Compagnie le précieux héritage. En les relisant, on s'étonne de voir leur auteur passer tour à tour, et toujours avec la même lucidité de pensées, avec la même netteté d'expression, des plus hautes considérations de l'économie politique et des questions sociales les plus ardues aux plus vulgaires pratiques du ménage des champs.

Ici, c'est un remarquable travail sur la législation des céréales, lu dans une de nos séances, accueilli avec acclamation, et recommandé par un vote unanime de la Société d'agriculture à la plus sérieuse attention du Gouvernement. Ce Mémoire a pour but d'établir que le meilleur moyen de développer la puissance et de garantir la sécurité d'une grande nation, c'est d'assurer, sur son propre sol, une production annuelle de subsistances au niveau de ses besoins. La démonstration est complète, et elle tient compte de tous les faits qui ont été, depuis lors, invoqués tour à tour par les opinions qui se sont partagées sur cette importante question.

Un peu plus loin, nous trouvons un autre Mémoire sur un engrais économique destiné à la vigne. Il est étudié avec le même soin consciencieux ; il n'y manque aucun détail, ni sur le prix de revient, ni sur les conditions d'emploi, ni sur les résultats qu'on peut en attendre.

On remarque la même exactitude de détails dans un autre

Mémoire sur l'aménagement de ces plantations appelées *ramiers*, si communs le long de nos grandes rivières. Cette étude, prise sur nature, est remarquable par la grâce de la forme et par des descriptions heureuses où l'auteur se complaît à faire ressortir les contrastes que présentent les bords de nos fleuves tapissés des frais gazons du Nord, et ombragés par la luxuriante végétation des tropiques. Mais, au milieu de ces détails, tout à la fois gracieux et pratiques, M. de Panat ne laisse pas échapper l'occasion de s'élever à des considérations plus hautes, en indiquant comment ces ramiers peuvent former la base d'un assolement trentenaire.

Comme tous les hommes qui ont beaucoup observé et qui ont été mêlés aux grandes affaires, M. de Panat aimait à généraliser; cette tendance domine dans le plus grand nombre des Mémoires dont il a enrichi notre recueil. On la remarque surtout dans ses observations sur l'endiguement des cours d'eau non navigables du Sud-ouest de la France (août 1842); dans les considérations sur les salaires payés en agriculture (1848), comme dans le Rapport sur la production et l'emploi du sel en Angleterre (1852), et dans les réflexions sur les effets probables de l'introduction des machines dans l'économie rurale du Midi de la France (1856); elle se retrouve aussi dans les réflexions qui lui échappent de temps en temps, comme malgré lui, au milieu des détails techniques de ses écrits sur les questions spéciales et les applications pratiques, car il semble infatigable à multiplier les questions qu'il soumet à ses ingénieuses investigations.

Ici c'est un rapport sur un nouveau système de pressoirs; là une lettre sur l'état de la vigne au moment de l'invasion de l'oïdium en 1853; puis une note sur les résultats de l'expérimentation d'une nouvelle qualité de vers à soie; une autre sur le parcours appliqué aux métis 1/4 sang Dishley-Lauraguais; enfin, une exacte appréciation des résultats du soufrage des vignes, expériences suivies pendant qu'il se trouvait sous le coup des plus cruels chagrins.

Je ne pousserai pas plus loin cette nomenclature, et même

je me vois, à regret, forcé de supprimer l'analyse détaillée des nombreux discours prononcés dans cette enceinte, comme notre Président de prédilection. Je craindrais de ne pouvoir résister à la tentation d'en citer de nombreux fragments ; et je vous associerais, par les séductions de cette parole élégante et correcte, au délit dont peut-être je me suis déjà rendu coupable en dépassant les bornes ordinairement assignées à ces sortes de notices.

Négligeant donc l'analyse détaillée de chacun de ces discours, je me bornerai, Messieurs, à rappeler à vos souvenirs quelle bonne fortune c'était pour nous d'en entendre la lecture. On aimait cette parole claire et précise qui redoublait d'élégance dans ces occasions solennelles, et qui rehaussait l'importance de nos travaux en les rattachant à des aperçus de l'ordre le plus élevé. Mais, pour lui, ces discours si remarquables n'étaient qu'une petite partie de l'accomplissement des devoirs contractés en acceptant l'honneur de présider cette Compagnie ; il lui fallait encore la représenter dignement dans tous ses rapports avec l'Administration et avec le public, coopérer avec une ardeur infatigable à tous ses travaux, et, après avoir ainsi donné l'exemple, stimuler le zèle de chacun de ses collègues par ces encouragements bienveillants et ces inspirations heureuses qui partent du cœur, pour être accueillies par le cœur.

Telles étaient les précieuses qualités qui avaient acquis à M. le vicomte de Panat nos sympathies et nos suffrages dès son arrivée parmi nous. Il était presque contemporain de la Société d'agriculture, fondée en 1798, sous l'impulsion du Ministre de l'intérieur, François de Neufchâteau. L'enfant et l'institution avaient grandi en même temps et devaient, un peu plus tard, s'identifier intimement.

Elu associé ordinaire le 14 mars 1837, il fut appelé aux fonctions de second Vice-président le 26 decembre de la même année ; un an plus tard, il est élu premier Vice-président ; puis il passe tour à tour de la présidence à la vice-présidence jusques en 1846, époque à partir de laquelle les suffrages de ses collègues l'avaient, en quelque sorte, immobilisé au fauteuil de Président, comme si un autre choix eût été en dehors des choses possibles. Il accepta d'abord avec bonheur ce témoignage de nos sympathies; mais, au bout de quelques années, il se demanda si l'élection ne perdait pas un peu de son autorité en devenant une habitude : et, en 1855, il proposa d'introduire dans nos règlements une disposition nouvelle, qui avait pour but de rendre impossible la réélection du Président de l'année. Cette combinaison, qui fait passer de droit à la présidence le premier Vice-président de l'année précédente, et interdit, pendant un an, la réélection du Président sortant à aucune fonction du bureau, était une sorte d'ostracisme dont il se frappait lui-même : aussi la proposition en fut-elle accueillie avec l'expression des regrets les plus unanimes et les plus sincères, et il fallut, pour la faire accepter, toute l'autorité de son influence.

Conformément à ce nouveau règlement, il fut élu premier Vice-président le 27 décembre 1856, passa, de droit, à la présidence le 26 décembre 1857, et ne put être rappelé au Bureau que le 31 décembre 1859; mais alors, par une ingénieuse conspiration dont chacun de nous avait le secret, il fut réélu second Vice-président, afin d'être conservé un an de plus au bureau.

Inutiles calculs de la prudence humaine, quand ils reposent sur la fragilité de cette existence dont la divine Providence mesure les courts instants, non pas au gré de nos désirs, mais d'après les décrets de son immuable sagesse !

M. de Panat possédait une activité énergique, une force de volonté et une fraîcheur d'esprit qui semblaient garantir une longue et verte vieillesse; mais il était miné par la plus redoutable de toutes les maladies, le chagrin.

Tous, ici-bas, nous devons, tour à tour, payer notre tribut au deuil et à la tristesse; mais il semble qu'en vertu de quelque mystérieuse compensation, la part la plus lourde soit réservée à ceux que le vulgaire appelle les heureux du monde ; à ceux qui, après un travail incessant, se sont acquis une position enviée ; enfin, à ces esprits d'élite dont l'exquise sensibilité s'exalte par les soins qu'ils apportent à développer leurs facultés intellectuelles.

M. de Panat avait de bonne heure connu les chagrins ; celui que lui occasionna la mort de son frère, brillant officier, moissonné par les guerres du premier Empire, se manifesta avec une vivacité qui occasionna quelque surprise à ses amis. On s'étonnait de trouver autant de sensibilité chez un jeune homme livré en apparence à tous les entraînements du monde et des affaires. Cependant, cette perte cruelle n'était que l'avant-coureur des désastres qui devaient le frapper dans ses plus chères affections. Père de six enfants, il en perdit trois en bas âge, et chacune de ces douleurs lui porta un coup bien sensible ; mais il lutta bravement, et il concentra toute sa tendresse sur deux fils et une charmante fille qui lui restaient.

L'un de ses fils entra de bonne heure dans la marine, où ses brillantes qualités lui ouvraient le plus bel avenir ; après quelques années de navigation, il fut enlevé, dans la Plata, par une épidémie. Nouveau coup de poignard qui fit saigner longtemps les vieilles blessures. Mais si le cœur du père était brisé, le courage de l'homme public et du chef de famille demeurait à la hauteur de ses devoirs, et l'énergie vitale était intacte comme la volonté.

Les années s'écoulèrent ; sa fille était devenue une gracieuse et aimable jeune femme qui partageait sa tendresse entre l'époux qui l'avait recherchée, les enfants, fruits de cette heureuse union, et son père qui l'adorait. Le fils qui lui restait, d'une santé frêle et délicate, était arrivé à l'âge d'homme, à force de soins : il était devenu l'ami respectueux et dévoué de son père, qui lui accordait une confiance entière et méritée et l'avait dirigé dans le choix d'une compagne qui lui offrait toutes les conditions du bonheur. Là aussi s'élevait une nouvelle et jeune famille dont les jeux enfantins faisaient doucement tressaillir le cœur du grand-père.

Quel sort plus doux pouvait rêver un septuagénaire ?

Conservant, avec la vigueur de l'intelligence et l'énergie de la volonté, assez de forces physiques pour suffire à toutes les occupations utiles; entouré de la considération universelle, assez riche pour faire beaucoup de bien; vénéré autant que chéri par les Sociétés savantes dont il dirigeait et partageait les travaux; heureux, dans sa vie intime, au milieu de cette famille qui l'écoutait avec bonheur, parce qu'elle savait le comprendre, il aurait pu être cité comme un exemple des félicités terrestres, si Dieu lui eût permis d'en jouir quelques années encore, au lieu de les lui laisser seulement entrevoir et de lui imposer, avant de le rappeler à lui, les plus douloureuses épreuves.

Son fils et sa fille furent atteints, à quelques mois d'intervalle, par ces redoutables maladies contre lesquelles la science demeure trop souvent impuissante. Pendant ces deux longues et pénibles agonies, il passait de l'un à l'autre, étouffant ses angoisses pour affecter des espérances que chaque jour venait détruire. Enfin, deux cercueils s'acheminèrent chacun vers une tombe; et le père, brisé de douleur, survécut à ses derniers enfants.

M. de Panat essaya encore de lutter; il offrit à Dieu le sacrifice de sa tristesse, comme une chrétienne holocauste, et il s'efforça de reprendre ses occupations habituelles. Le courage ne lui faisait pas défaut; son intelligence était demeurée nette et brillante, mais les forces le trahissaient; il lui restait assez d'énergie pour donner de sages conseils, pour dicter des écrits où l'on n'aperçoit pas une tache, mais la volonté de vivre n'était plus là et le souffle vital se retirait de ses organes qui peu à peu devenaient impuissants à remplir leurs fonctions. Ce pénible combat, vous ne l'avez pas oublié, Messieurs, dura plus de cinq mois; il fallut à la mort tout ce temps pour triompher de cette puissante intelligence; et quand une dernière défaillance vint annoncer l'heure suprême, quand les cloches de notre cathédrale eurent sonné le glas funèbre, il semblait à chacun de ses amis consternés, que ce fût une mort inopinée; sa force d'âme produisait, sur chacun de nous, une telle illusion, que nous avions presque le fol espoir de le voir vivre par la pensée.

La tombe pèse depuis un an sur sa dépouille mortelle; mais il nous reste le souvenir de cette vie si bien remplie et la lecture des excellents écrits dont il nous a légué le dépôt. C'est là que nous trouverons les plus sûres consolations à nos regrets, en nous inspirant des pensées utiles qui germaient continuellement dans cet esprit pénétré de l'importance des intérêts agricoles, seule base solide de la grandeur de la France.

Enfin, Messieurs, permettez-moi d'ajouter, en terminant, une espérance à ces pages de deuil; comme on plante un lis à côté des tombeaux.

Il reste, de la maison de Panat, deux jeunes rejetons, enfants pleins d'intelligence et d'avenir, qui rivaliseront d'émulation pour l'honneur de leur nom et le service de leur pays. Le premier qui aura acquis le droit de venir se reposer au foyer de ses pères, y trouvera des images qui lui montreront le chemin de cette enceinte et lui en ouvriront les portes; alors aussi, quelques-uns des jeunes collègues qui veulent bien m'honorer de leur attention, retrouveront, sous leurs cheveux blancs, les souvenirs que j'évoque aujourd'hui; ils accueilleront le récipiendaire et le conduiront au fauteuil si longtemps et si dignement occupé par son noble aïeul.

C'est ainsi que les familles et les institutions, en perpétuant la tradition des saines doctrines et l'habitude des actions utiles, suppléent, jusques à un certain point, à la brièveté des jours de l'homme et accomplissent les desseins providentiels que Dieu, dans sa sagesse, a réservés aux nations.

www.ingramcontent.com/pod-product-compliance
Lightning Source LLC
Chambersburg PA
CBHW060918050426
42453CB00010B/1796